*Para*

*com votos de paz*

/ /

# DIVALDO FRANCO
## Pelo Espírito SIMBÁ

# POEMAS DE PAZ

Salvador
5. ed.. 2021

©(1970) Centro Espírita Caminho da Redenção. Salvador, BA.
5. ed. – 2021
500 exemplares (milheiro: 16.500)

Revisão: Plotino Ladeira da Matta
          Lívia Maria Costa Sousa
Editoração eletrônica: Ailton Bosco
Capa: Cláudio Urpia
Montagem de capa: Ailton Bosco
Coordenação editorial: Lívia Maria Costa Sousa
Produção gráfica:
          LIVRARIA ESPÍRITA ALVORADA EDITORA
          Telefone: (71) 3409-8312/13 – Salvador (BA)
          E-mail: <leal@mansaodocaminho.com.br>
          Homepage: <www.mansaodocaminho.com.br>

Dados Internacionais de Catalogação na Publicação (CIP)
(Catalogação na fonte)
BIBLIOTECA JOANNA DE ÂNGELIS

| | |
|---|---|
| F825 | FRANCO, Divaldo.<br>*Poemas de paz.* 5. ed. / Pelo Espírito Simbá [psicografado por ] Divaldo Pereira Franco. Salvador: LEAL, 2021.<br>120 p.<br>ISBN: 987-65-86256-10-9<br>1. Espiritismo 2. Psicografia 3. Reflexões sobre a paz<br>I. Franco, Divaldo II. Título<br><div align="right">CDD: 133.93</div> |

DIREITOS RESERVADOS: todos os direitos de reprodução ao público e exploração econômica desta obra estão reservados, única e exclusivamente, para o Centro Espírita Caminho da Redenção. Proibida a reprodução parcial ou total, por qualquer meio, sem expressa autorização, nos termos da Lei 9.610/98.

Impresso no Brasil
Presita en Brazilo

# SUMÁRIO

Janeiro ................................................. 13

Fevereiro ............................................. 23

Março .................................................. 31

Abril .................................................... 41

Maio .................................................... 51

Junho .................................................. 61

Julho ................................................... 71

Agosto ................................................. 79

Setembro ............................................. 87

Outubro ............................................... 97

Novembro ........................................... 105

Dezembro ........................................... 113

# PREFÁCIO DOS EDITORES

*"Bem-aventurados os pacificadores –
disse Jesus –, porque eles serão chamados
filhos de Deus."*

Mateus, 5:9

Este livro nasceu verdadeiramente quando recebemos a primeira visita do amigo espiritual que se denominou simplesmente Simbá. Isto ocorreu por volta do mês de março de 1948, quando, por nossa vez, iniciávamos, também, experiências de ordem mediúnica.

Nas sessões de socorro aos desencarnados, desde essa época, antes do encerramento, este generoso Espírito – que através dos tempos se revelaria abnegado instrutor e devotado benfeitor – ditava psicofonicamente, após ligeiros comentários em torno dos trabalhos, uma frase sobre a paz, que a todos nos encantava.

Como o fato se repetisse meses e anos a fio, começamos a registrar o conceito emitido em cada reunião e, posteriormente, fomos gravando, a princípio em fio e depois em fita magnética, as frases delicadas que ora se enfeixam no presente volume.

Discreto e incisivo, o irmão Simbá sempre se nos revelou como o benfeitor dos Espíritos mais infelizes, que eram trazidos de regiões aflitivas do Mundo Espiritual para as tarefas mediúnicas de socorro no Centro Espírita Caminho da Redenção.

*Simbá / Divaldo Franco*

De informe em informe, conseguimos recolher alguns dados esparsos sobre o ser que se nos fez querido pelas demonstrações incontestes de humildade e devoção ao bem.

Recomponhamos, assim, em linhas rápidas, o perfil de quando esteve encarnado.

Nasceu ele na antiga Núbia, por volta de 1820, e descendia de nobre família islame. Na idade adulta converteu-se ao Cristianismo e desejou ingressar numa ordem religiosa. Jesus o fascinava.

As bem-aventuranças impregnaram-no do odor evangélico. Depois de longas meditações, resolveu tornar-se felá, dedicando-se ao amanho do solo, após as cheias do Nilo, fator preponderante na vida do seu país. Mais tarde, abrasado pelo desejo de seguir o Mestre Galileu, partiu para o deserto e lá se transformou em condutor de caravanas. Nas longas travessias, fazia-se o "bom samaritano", e o seu nome ganhou dimensão nacional. Desencarnou quando as luzes do Consolador se espalhavam pelo mundo, não tendo, porém, participado da informação kardequiana, embora o conúbio com a Espiritualidade lhe fosse conhecido, tanto quanto o é entre as tribos nômades habitantes do deserto. Ao despertar além da morte, tomando conhecimento da Vida verdadeira, deslumbrado, ofereceu-se para servir entre os sofredores das faixas mais densas, próximas à esfera dos homens. Como alguns dos seus antigos afetos espirituais fossem trasladados para reencarnar nas terras do "Cruzeiro", solicitou e conseguiu permissão para os acompanhar, integrando-se nas hostes dos benfeitores espirituais que dirigem o "Caminho da Redenção".

Transcorridos todos esses anos em que a sua dedicação nos vem ajudando infatigavelmente, rogamos-lhe fizesse uma revisão nas centenas de frases que possuímos, compondo um *opúsculo para encorajar a paz nos corações humanos, no momento de rudes provas e acerbas aflições por que passam todas criaturas da Terra e o próprio planeta, que em breve se tornará mundo de regeneração, consoante o lídimo ensino kardequiano.*

*Desnecessário dizer que Simbá é um pseudônimo de que se utiliza o abençoado mentor, para apagar-se no anonimato.*

*O amigo espiritual deu-lhe o formato de um diário, reservando sempre um conceito para meditação em cada um dos dias do ano. É, portanto, um livro para a cabeceira do leito, para ser compulsado ao despertar, de modo a que se possa ganhar o novo dia em paz.*

*Esperando que o presente livro, singelo e nobre, atinja o desiderato para o qual o levamos ao prelo – a sua renda é dedicada integralmente à manutenção das 15 unidades-lares que constituem a "Mansão do Caminho"[1] –, damo-nos por felizes, pois que sabemos dos benefícios que a sua leitura produzirá em todos aqueles que lerem as suas preciosas páginas.*

*Salvador, 18 de abril de 1970.*
*Edições "Alvorada"[2]*

---

1. Na atualidade, não há mais casas-lares. Na época da primeira edição desta obra, haviam sido adotados e educados 685 órfãos. Atualmente a Mansão do Caminho possui 40 edificações, em uma área de 78 mil m², e atende diariamente mais de 5 mil pessoas, que buscam auxílio material, educacional e espiritual.
2. Em homenagem aos mais de 50 anos da Livraria Espírita Alvorada Editora, mantivemos o seu nome embrionário, como assinado na época de suas primeiras publicações, como se percebe nesta obra (notas da Editora).

# POEMAS DE PAZ

*"A paz vos deixo, a minha paz vos dou: eu não vo-la dou como a dá o mundo. Não se turbe o vosso coração, nem se arreceie."*

*João, 14:27*

O deserto imenso, de areias onduladas ao vento, desafia a caravana que o deve atravessar. O espírito humano ignorado, de paixões marcadas pela violência, que está para ser conquistado.

Duas paisagens diversas, no entanto, bem parecidas: a aridez da Natureza quase morta no primeiro; a indiferença que deixa a esperança morrer no segundo.

Há, sem dúvida, agonias que lá perecem e aflições que aqui matam.

Ausência de paz em toda parte.

Fome de amor em todo lugar.

A loucura armamentista de fora porque as mentes estão armadas de medo por dentro.

A hedionda corrida para a fuga em comando das consciências, e o desalinho da razão em arroubos de alucinações dissolventes.

O homem ainda não se encontrou a si mesmo, e por isso fomenta a guerra.

Estiolado nos tentames de renovação, embrutece-se, sem conseguir realizar o amor.

*Simbá / Divaldo Franco*

*Confunde sensação animalizante com emoção sublimada, e desvaira.*

*Do silêncio dos tempos, porém, e do olvido das tumbas se ouvem vozes repetindo uma canção de esperança imorredoura: "A paz vos deixo, a minha paz vos dou...".*

*Que haja ouvidos para escutar e corações para sentir.*

✦

*Estes são singelos poemas de paz.*

*Revérberos da madrugada do porvir em plena noite da atualidade.*

*Ainda dormindo, o Amor sonha conosco, e sonhando com ele, buscamos a Paz.*

*Nem pretensão literária, nem arroubo de prosaico verbalismo.*

*Nem rogativa de entendimento, nem pedidos de perdão.*

*Suave pólen de ternura sobre as águas passantes dos rios da eternidade, que talvez não atinja a corola de flor alguma para a fecundação.*

*O deserto da terra – a aridez dos Espíritos.*

*Soluções de anseios – Poemas de paz.*[3]

*Simbá, 11 de abril de 1970.*

---

3. *Reverenciando a obra incomparável da Codificação Kardequiana, extraímos frases em que se destaca o conceito da paz, para completar o nosso trabalho. As frases referidas estão insertas em* O Evangelho segundo o Espiritismo, *52ª edição da FEB (nota do autor espiritual).*

# Janeiro

*"Ao entrardes na casa saudai-a; se ela for digna, desça sobre ela a vossa paz; mas se não for, torne para vós a vossa paz."*

Mateus, 10:12-13

**1.** Há corações que aguardam as noites enluaradas para sonhar e afirmam que a beleza da paisagem dá-lhes paz. No entanto, a paz que se condiciona às circunstâncias do tempo, oportunidade e lugar não tem estrutura real. Seria como valorizar uma tela pela moldura que a ornamenta.

Quem desejar paz legítima procure elaborá-la dentro, no imo do ser, para que ela possa sobre-existir, sejam quais forem as condições.

Sintonize-se, pois, com Jesus, plantando as Suas lições no coração, a fim de que, mais tarde, sementes de luz que são, transformem-se em árvores frondosas de esperança e amor, a multiplicarem flores de alegria e frutos de felicidade, preciosos tesouros que são as matrizes da verdadeira paz.

**2.** Diz-se que o harmonioso reflexo do luar sobre as águas do mar-espelho é o resultado da paz em a Natureza. Quando o homem consegue orar, refletindo n'alma a caridade espiritual do Bem Incorruptível, também se inunda de paz.

**3.** Quando se é capaz de perder todos os *valores* que *enriquecem* a vida: fantasias e sonhos, moedas e títulos, beleza física e juventude sem revolta nem lamentação, confiando no duradouro amanhã do Espírito – eis conseguida a bênção da paz.

**4.** No grande silêncio das coisas e na impenetrável mecânica dos mundos o homem pode escutar a voz de Deus. Igualmente, quando o Espírito se faz brando e tranquilo para se deixar penetrar pela "Voz de Deus", já possui paz.

**5.** Possuir a parcela mínima que desdenha todos os tesouros do mundo, não se "afadigando" por eles, é manifestação de paz. Paz que é Deus no coração.

**6.** O Espírito que consegue armazenar paz, mesmo esmagado pelo fardo das provações e pelo cansaço, prossegue. Se jornadeia em noite escura, tem luz íntima; caminhando em via difícil, não desfalece, porque a paz é o bem que só o sofrimento pode dar e quem sofre sabe que a felicidade reside na ciência de servir sempre.

**7.** Vence-te para adquirires a paz.

**8.** "Um botão de rosa cansado do sol pediu à noite que o beijasse. E o orvalho, acariciando-lhe as pétalas, arrancou o perfume que o vestia por dentro e o abençoou com aroma em derredor."

O viajor cansado da aridez do caminho, que se predispõe ao ósculo do orvalho evangélico, abre as pétalas da vida e derrama onde esteja a paz do coração redivivo.

**9.** A paz que não se deriva do trabalho, do sacrifício no dever retamente cumprido e das lágrimas sabiamente vertidas, não tem consistência: é quimera flutuante na imaginação, ouropel enganoso, ilusão que a realidade se apaga. A paz efetiva nasce no *tropel* das lutas e se consolida através do tempo.

**10.** Conta a mitologia que Hércules, só após infatigável luta, conseguiu subtrair dos Jardins das Hespérides os pomos de ouro.

Somente conseguem a posse da paz aqueles *Hércules* que lutam e se esforçam por subtraí-la do jardim da vida, por ser o verdadeiro *pomo de ouro* que se deve perseguir na jornada redentora.

**11.** O Velho Testamento pode ser considerado como o apelo do homem aflito lutando contra dificuldades ingentes para encontrar Deus. O Novo é a Paz de Deus conquistando o homem.

**12.** Paz é plenitude de comunhão com Deus.

**13.** A alma aflita que puder emergir dos problemas humanos até as fontes profundas da oração fruirá o *milagre* da paz.

**14.** O animal propôs ao homem amansá-lo e o homem o domesticou. O instinto impôs-lhe gozar, e ele o se-

guiu. Mais tarde, sofrido, rogou a Jesus: – "Fere-me!",
e Jesus o amou para que tivesse paz.

**15.** O homem rico pensou: "Sou feliz! Possuo valores e
bens. Tudo posso adquirir". Escutando-o, a dor se lhe
aninhou no coração, e ele, que não possuía paz, perdeu a vida.

**16.** O crente interrogou em fervorosa oração: "Senhor,
que queres que eu faça?". E a consciência lhe respondeu: "Que saias da igreja silenciosa, vazia, e demandes
o caminho dos aflitos que está lá fora precisando de
socorro, alongando nas tuas as minhas mãos, a fim de
partilhares das bênçãos da paz".

**17.** Quem vigia o corpo, educa-o.
Quem vigia a alma, ilumina-a.
Alma iluminada em corpo educado não cai em ten-
tação – prossegue em paz.

**18.** A indolência trabalha para o crime, enquanto o
amor produz para a paz.

**19.** Trabalho – bênção da oportunidade.
Oportunidade – dádiva do tempo.
Tempo – patrimônio da vida.
Vida – mensagem de Deus.
Deus – remanso de amor e paz.

**20.** O amor é a alma da vida, assim como a paz é a alma do amor. Amor sem paz é tormento, tanto quanto paz sem amor é acomodação.

**21.** Esparze no Espírito, sobre a memória dos teus perseguidores, as luzes do perdão, como a noite distende sobre a miséria dos pântanos as refulgentes estrelas.
Se a incompreensão te persegue – ama o perseguido.
Se a dificuldade surge com problemas – ama o óbice.
Se a dívida do passado te chega hoje em forma de cruel resgate – ama o cobrador.
Todos viverão, quando tu mesmo.
Ama sempre. Um dia as circunstâncias da existência farão que ames, e a paz, que conseguires desde hoje, será a tua doação que dilatarás até eles, os que te chegarão aflitos quando estiveres pacificado.

**22.** A dor ameaçou o enfermo: "Destrói-me ou venço-te!".
O paciente redarguiu: "Compreendo-te".
Abrindo-lhe os braços, agasalhou-a n'alma, valorizando-a como mensageira da paz. Por fim, sublimou-a num hausto de amor.

**23.** O sinal do cristão é o amor.
A maior manifestação dos que amam é a justiça.
E o prêmio do justo é a coroa da paz.

**24.** Orava no templo, mecanicamente, fitando uma efígie que dizia ser a do Senhor, e não tinha paz.

Trabalhava no campo, contemplando o milagre da semente transformada em gráos e se sentiu em paz.

**25.** Possuir muito sem reter nada e possuir coisa alguma para ter tudo pode ser a diretriz de quem, desfrutando paz, espalha-a por toda parte.

**26.** Quem apenas ensina a Mensagem, narra-a; quem somente ouve a Mensagem, recebe-a; quem apenas escreve a Mensagem, difunde-a. Somente quem vive a Mensagem adquire paz.

**27.** O pão oferece paz ao corpo.
A paz se transforma em pão do espírito.
*Pão e paz* – meio e meta da nossa ascensão na Terra, pelo caminho da Imortalidade.

**28.** A glória da guerra são a ruína e a desolação, enquanto o preço da paz é a dádiva do amor.
Transformar as armas do ódio em braços de misericórdia é como semear a Paz de Deus na terra do mundo inteiro.

**29.** "Realize a paz antes de conseguir a fortuna"– ensina antigo provérbio oriental.
Quem tem a fortuna antes da paz dificilmente conseguirá a tranquilidade. Adquirindo, porém, a paz antes do tesouro, para que se desejam as moedas?

**30.** A paz é como um poço sem fundo – não tem fim. Quem a encontra, conquista o infinito.

**31.** Quando a alma no caminho do Cristo se torna um fecundo sol de exemplo, realiza a paz que reflete o próprio Cristo no ádito do coração.
Nessa alma se cumpriu a determinação: "desça sobre ele a vossa paz".

> *"Tendo-se demorado ali por algum tempo, foram pelos irmãos despedidos em paz aos que os tinham enviado."*
>
> Atos, 15:33

> *"Vive o homem incessantemente em busca da felicidade, que também incessantemente lhe foge, porque felicidade sem mescla não se encontra na Terra. Entretanto, malgrado às vicissitudes que formam o cortejo inevitável da vida terrena, poderia ele, pelo menos, gozar de relativa felicidade, se não a procurasse nas coisas previsíveis e sujeitas às mesmas vicissitudes, isto é, nos gozos materiais em vez de a procurar nos gozos da alma, que são um prelibar dos gozos celestes, imperecíveis; em vez de procurar* a paz do coração, *única felicidade real neste mundo, ele se mostra ávido de tudo o que o agitará e turbará, e, coisa singular, o homem, como que de intento, cria para si tormentos que está nas suas mãos evitar."*
>
> O Evangelho segundo o Espiritismo, capítulo V, item 23.

# Fevereiro

"*Jesus disse-lhe: vai-te em paz e fica livre do teu mal.*"

*Marcos, 5:34*

**1.** Após a tormenta, quando a terra repousa úmida e sofrida, nela se espraia a harmonia da paz. Quando alguém consegue, depois das tempestades naturais da jornada evolutiva, repousar confiante, está permeado pela paz.

**2.** Germina a semente no seio da terra, quando o adubo a fertiliza. A abundância do solo é símbolo de paz para a vida. Se no coração do homem germina a caridade, o adubo do amor o fertiliza a benefício da paz de todos.

**3.** Quando o deserto está em paz com a Natureza, reflete as miragens coloridas de terras próximas ou remotas, como painéis de esperanças felizes. Assim, também, quando a mente do homem for capaz de transmitir à outra mente as paisagens do Reino de Deus, em poemas de paz, este mesmo homem terá transformado a miragem da vida em esperança de felicidade.

**4.** Pérola e paz!
A primeira se desenvolve no abismo dos oceanos, na intimidade das ostras. A segunda se agiganta no mais profundo do sentimento humano, quando as condições lhe são propícias. Ambas aguardam mergulhadores hábeis capazes de penetrar as correntes abissais para as possuir.

**5.** "Trabalho, solidariedade, tolerância!" – proclamou Allan Kardec, numa síntese perfeita de encontro com a paz.

Quem pode trabalhar sem desespero, ser solidário sem exigência e tolerar sem desfalecimento no bom combate, desfruta da paz no seu sentido integral.

**6.** Ninguém ambicione flores em campo estéril, nem paz em espírito frívolo.

A paz é para o Espírito o que a flor representa para o fruto. Uma e outra, todavia, requisitam recursos próprios para o desabrochar: fertilidade no solo e sublimação no Espírito.

**7.** Não esperes repouso, quando conquistada a paz.

Como o homem que dispõe de valioso tesouro se vê constrangido a defendê-lo, aquele que possui o inestimável bem da paz se obriga a preservá-lo com sacrifício e defendê-lo com esforço, a fim de o não perder.

**8.** A posse da paz não é um meio – antes um fim. Não é um caminho – significa um objetivo. Assim, não esperes paz sem luta, como não lograrás vitória sem labor.

**9.** A paz é qual melodia divina que somente instrumentos de nobre sensibilidade podem captar-lhe as vibrações, para as transformar em harmonia no instrumentalista que as module.

*Poemas de Paz*

**10.** A paz resulta, sobretudo, da espiritualidade do homem. Daí o entender-se que o homem somente terá paz quando encontrar e possuir o Espírito.

**11.** Perseverar no caminho da perfeição sob chuvas de sofrimento e sobre agonias múltiplas representa construir no próprio *eu* a paz com Jesus.

**12.** A chama da vela falou, exultante, ao bico de gás: "Sou pequena e brilho!". O lampião se ergueu alto e retrucou, sarcástico: "Diante de mim, quem és tu?". Uma lâmpada elétrica, sorrindo, com mofa, cantava: "Sou a rainha da noite!". Quando apareceu a paz do luar, a Lua nada falou...

**13.** Dia claro, sol a pino, lamaçal e uma flor solitária. Gargalhando, zombeteira, a flor disse à lama aos seus pés: "Desdenho-te e rogo ao sol que te abrase, retirando essa água imunda que te faz pútrida".

A lama silenciou.

No dia imediato, o solo estava ressequido e retalhado pelo beijo ardente do Astro Rei. Na haste da planta, antes tenra, a flor morrera por falta d'água.

O triunfo da soberba é a morte, e a grandeza da paz, a humildade.

**14.** O orgulho convidou o homem a segui-lo, enquanto a humildade prometeu-lhe paz. Taciturno, resolveu seguir o primeiro convite. O orgulho tentou fazê-lo feliz. Como o homem envelhecesse, tombou, o orgulho o abandonou, solitário e desditoso, sem esperança nem paz.

**15.** Quem realiza com nobreza crê. Quem crê e se doa, consegue a paz.

**16.** O amor que se precipita é paixão. A paixão que se educa eleva-se à categoria do amor. Mas só o amor que renuncia e serve se vitaliza com o nutriente hálito da paz.

**17.** A paz é tanto consequência da confiança quanto a crença é resultante do amor. Por isso, asseverou Jesus: "Credes em Deus? Crede, também, em mim."

**18.** Na mesquita de Omar, embevecido, o crente gemia: "Alá, Alá! Eis-me aqui. Fala comigo!". E o silêncio do santuário continuava amortalhado de trevas.

Açoitado pelo simum do deserto, o caravaneiro ativo se movimenta no areal que o cobre e murmura: "Alá! Alá! Eis-me aqui" e prosseguia lutando.

Alá, que desdenha o ocioso crente do templo, na voz do próprio vento, falou ao lutador no areal: "Estou contigo. Tem bom ânimo! Tem paz!".

**19.** O Evangelho de Jesus substancializado em cada vida é a semente da paz duradoura a se desenvolver em cada consciência.

*Poemas de Paz*

**20.** A ideia do bem em execução, qual mensagem de amor em desdobramento, transforma-se na sinfonia da paz em musicalidade permanente.

**21.** Luta contra a tentação e sofre sem rebeldia.

Mais vale ter o coração ralado, lutando, a repousar entorpecido pelo gozo, para despertar ralado pelo fracasso.

A palmeira esguia ergue a cabeleira longe da terra por delicada haste, defendendo-a do lodo e do pó. Levanta-te, igualmente, em sublime haste de paz, longe de toda inquietação ou receio.

**22.** A paz se deriva da integridade no dever e o amor se manifesta no zelo pela paz.

**23.** Em quaisquer tarefas do mundo há lugar para a dignificação do homem, mas só na alma da caridade há lugar para o amor que se enriquece de paz.

**24.** Soma trabalho à perseverança e terás sacrifício. Adiciona sacrifício à renúncia e perceberás o amor. Reúne o amor à humildade e defrontarás com a paz.

**25.** Duas são as alternativas: possuir-possuindo e possuir-possuído.

Há os que possuem *paz*, possuídos pelo mundo, e os que possuem paz, *possuindo* o mundo.

Os primeiros têm uma paz-possuída, os segundos uma paz possuidora.

Quem consiga ter sem deter, possuir sendo livre, encontrará a paz real que tudo vence e em todos triunfa.

**26.** Quando a paz se assenhoreia do Espírito, a felicidade se apossa do coração.

**27.** Discípulo que és da mansuetude do Cordeiro de Deus, tens a destinação da paz sem jaça. Não descoroçoes, se demoras a encontrá-la.

**28.** De coração puro e Espírito enriquecido de amor, oferece a paz da Mensagem do Cristo em toda parte. Se t'a recusarem, não te inquietes, segue adiante. A tua paz tornará para ti.

> *"O carcereiro referiu estas palavras a Paulo, dizendo: Os pretores mandaram soltar-vos. Agora, pois saí e ide em paz."*
>
> *Atos, 16:36*

> *"[...] Vim lançar fogo à Terra para expungi-la dos erros e dos preconceitos, do mesmo modo que se põe fogo a um campo para destruir nele as ervas más, e tendo pressa de que o fogo se acenda para que a depuração seja mais rápida, visto que do conflito sairá triunfante a verdade. À guerra sucederá a paz; ao ódio dos partidos, a fraternidade universal; às trevas do fanatismo, a luz da fé esclarecida. [...]"*
>
> *O Evangelho segundo o Espiritismo, capítulo XXIII, item 16.*

# Março

"O sal é bom; mas se o sal se tornar insípido, com que haveis de restaurar-lhe o sabor? Tende sal em vós mesmos, e estai em paz uns com os outros."

Marcos, 9:50

*Poemas de Paz*

**1.** Deixei – disse o homem aflito na aduana do Paraíso – todos os meus haveres para os pobres, na Terra. Fui bom. Pleiteio, portanto, o *reino da paz*.

Deixaste-os – retrucou o anjo, comovido – porque não os pudeste trazer. Não os doaste. Simplesmente não conseguiste carregá-los contigo. Não te podemos oferecer o *Reino da paz*, porque o único tesouro que se traz da Terra, quando se deseja o Céu, é a consciência rica de paz.

**2.** O homem que pode fazer um exame retrospectivo dos seus atos, quando terminada uma jornada, sem consignar qualquer compromisso com a retaguarda, é como o herói que, vencida a batalha, agradece a bênção da paz.

**3.** O ninho balouça ao vento, no frágil ramo do arvoredo debruçado sobre a cascata tumultuada que se despedaça ao fundo da rocha aberta em frincha imensa. A avezita, trepidante de júbilo, alimenta tranquila os filhos tenros, e o dia exulta em luz. Um cromo. Um símbolo de paz.

**4.** Cristo em ti e tu no Cristo – ponte de paz entre o zênite e o nadir do progresso espiritual do homem.

**5.** Disse o mundo ao homem: "Se pretextando servir a Deus foges de mim, és cobarde, sem paz; se, inquieto, te apegas a mim e fruis das minhas concessões, consome-te sem paz e fazes-te idólatra. Terás paz, se cristão, amares a Deus no mundo, servindo à Humanidade.

**6.** A criatura, a beleza e a virtude confabulavam.

Disse a criatura à beleza: "Amo-te", e à virtude: "Preciso de ti".

Amada, a beleza passou, e, necessitada, a virtude a seguiu, procurando oferecer à criatura, feia, envelhecida e só, a paz que não soube procurar.

**7.** Suportar a mesquinhez de uma afronta sem revide; sofrer o ultraje de uma injustiça sem revolta; perseverar amando, embora não amado – são conquistas de um espírito tranquilo que consolidou a fé interior. Quem assim crê possui paz e, possuindo-a, desculpa e perdoa.

**8.** A noite pavorosa e dominadora reinava triunfante, espalhando inquietude. O sol nascente, porém, visitando-a, tragou-a em paz com um golpe de realidade.

**9.** Uma rosa delicada e perfumosa, embora o vento forte que a ameaçava na haste delicada da planta, cantava um hino de amor. O vendaval que se fez, de imediato, porém, despedaçou-a, levando suas pétalas de roldão. Ébria de perfume, como se fora de paz, revidava a agressão aromatizando o ar.

*Poemas de Paz*

**10.** Na dinâmica do Evangelho, a paz do trabalho conduz à consciência da paz.

**11.** Quem tem paz não se abate em noite escura, não se atormenta em jornada de desesperação. Conserva aceso o lume da esperança, utiliza o medicamento do equilíbrio, porque a paz consciente é segurança de Deus nas fracas energias do homem.

**12.** O verdadeiro amor dispensa manifestações exteriores que, infelizmente, não lhe conseguem traduzir a extensão nem a intensidade. Assemelha-se à paz: não tem posturas externas. Sente-se, mas não se expressa.

**13.** Se podes movimentar recursos favoráveis ao vigor da intriga, querelar com a consciência ruminando aversão e animosidade, exorbitar nas questiúnculas sem valor para o mercado da maledicência, também podes amar, envolvendo o coração na doce paz da consciência reta, em nome das forças do bem latente no próprio Espírito.

**14.** Disse o Senhor: "Busca a verdade, e a verdade te fará livre. Ama o teu próximo como a ti mesmo, quanto eu próprio te tenho amado".

Na verdade está a fórmula de libertação total e no amor o caminho para atingir a verdade.

A verdade, assim, é o amor que se sublima e engrandece, fazendo com que o Espírito que ama penetre no mistério sagrado da Criação, em paz.

**15.** Para que a noite se fizesse mensageira da paz e do repouso, o Pai Celestial ornou-a de estrelas.

**16.** Se a tua paz interior pode transformar-se em luz para os que vagueiam em sombra, sem alarde, conduzes o tesouro do amor, que te destaca como servidor de excelência, em nome da Vida.

**17.** O amor é qual seiva da videira que se veste de flores de paz e de frutos de caridade.

**18.** A alma seguia ansiosa os caminhos da vida à busca de segurança. Encontrando a verdade, repousou e experimentou paz.

**19.** Sê gentil. A gentileza é expressão floral de um Espírito em paz.

**20.** Embora com as mãos abertas em feridas que eram chagas vivas, continuou *costurando* as aflições do mundo, até conseguir asserenar a consciência ante a retidão do dever cumprido. Só então mergulhou na paz, balsamizando todas as dores.

**21.** Paz! – Eis o alvo de todos os anseios.
A paz, todavia, não se doa – conquista-se.
Disciplina! – Eis o caminho para consegui-la.
Disciplinar a vontade, as atitudes, a conduta, vigiando sem cessar.

*Poemas de Paz*

**22.** Muitos homens confundem júbilo com algazarra e se perdem em atroadas. Muitos discípulos supõem que paz é silêncio mortificante e se gastam na inutilidade.

**23.** A paz que não é consequência do dever retamente exercido, é somente acomodação com o erro, enganosa, portanto.

**24.** A consciência que desperta da retidão, mesmo chicoteada pelo arrependimento dos enganos antes vividos, elabora os pródromos da paz. Marchar para a frente, superando obstáculos do passado que ressurgem no presente, significa, também, vitória sobre si mesmo.

Conquistar, portanto, o bem, reconhecendo a própria pequenez – configura construir a paz no coração para integração no grande e Supremo Bem.

**25.** Conta remota lenda que, ao anoitecer, ainda abrasado pelo dia, o deserto sofrido falou à Via Láctea: "Oh! tu, fulgurante rainha dos céus! Enquanto brilhas em serena paz, toda feita de luz, ardo-me no desespero por causa de outra luz. Compadece-te de mim!".

As grandes constelações, penalizadas, verteram lágrimas esparsas e, desde então, o deserto se felicitou com pequenos e férteis oásis: a paz na inclemência da desolação.

Para as almas que caminham sobre as *brasas* das provações, o Excelso Amor oferta o sublime oásis da paz, vencidas as refregas.

**26.** Vestindo a couraça da probidade e erguendo alto o *sabre* da verdade, o homem trafega em paz na guerra das paixões.

**27.** O amor é a luz do mundo, e a paz é o combustível do amor.

**28.** Para o homem do mundo, paz é segurança econômica com olhos voltados para a previdência do futuro. Para o cristão que venceu o mundo, paz é libertação.

**29.** A paz é semente divina do futuro no solo fecundo do presente, plantada com as mãos do sacrifício na quadra fértil do amor.

**30.** Referiu-se o Senhor: "Toma a tua cruz e segue-me". Desse modo, prometeu-nos Ele a paz após a cruz. Cruz e paz – eis os termos da equação da vida.

**31.** A preocupação primordial do Cristo na expansão do Reino de Deus, na Terra, era construir em cada homem um templo à verdade.

Quem, hoje, no Espiritismo, conduz a mensagem do amor, no íntimo do ser, faz-se carta viva da verdade, em paz, inaugurando o principado da luz para exaltação da Era Nova.

*"Visto que por ti gozamos de muita paz, e pela tua providência têm-se feito reformas nesta nação."*

*Atos, 24:2*


*" [...] A cada um a sua missão, a cada um o seu trabalho. Não constrói a formiga o edifício de sua república e imperceptíveis animáculos não elevam continentes? Começou a nova cruzada. Apóstolos da paz universal, que não de uma guerra, modernos São Bernardos, olhai e marchai para frente: a lei dos mundos é a do progresso."*

*Fénelon*

*O Evangelho segundo o Espiritismo, capítulo I, item 10.*

# Abril

"*Para alumiar os que estão de assento nas trevas e na sombra da morte.
Para dirigir os nossos pés no caminho da paz.*"

*Lucas, 1:79*

*Poemas de Paz*

**1.** A paz real se faz preceder de um desapego total a tudo quanto pode gerar perturbação e sofreguidão. Não é fruto da negligência ao dever, nem se deriva do acúmulo possessivo. Resulta do perfeito equilíbrio entre a consciência e a correta execução do encargo que compete.

Aquele que consegue librar-se em serenidade concluída cada tarefa e tem consciência de novo compromisso a executar permeia-se de paz, pois que essa, em vez da inatividade, alimenta-se do ritmo harmonioso do próprio labor.

**2.** Narra antiga lenda que, percebendo o Senhor a tristeza do homem, na Terra, ofereceu-lhe o amor para sua companhia. Como o amor, em suas primeiras instâncias, fizesse-o ansioso, o Excelso Pai lhe ofertou a paz na condição de companheira ideal e, desde então, toda vez que o homem ama, dulcifica os sentimentos e pacifica o Espírito.

**3.** A terra abrasada se lamentava do sol. Veio a chuva em abundância e a terra se exasperou ante a tormenta. Quando, porém, o sorriso plácido da manhã lhe retirou o excesso d'água, a terra, gentil, repousou em paz.

Muitas vezes, a alma em provação reclama, e Deus lhe dá a meditação como lenitivo. Contudo, a alma prossegue lamentando, a dor retorna mansamente e a desperta para a vida, enxugando o pranto e ensinando com reais possibilidades de paz.

**4.** Produze para o Bem Inefável e semearás paz no Espírito em júbilo.

**5.** Na andadura cristã, o encontro com Jesus pode ser comparado a sublime deparar com o amanhecer, quando o sol doira a terra de luz.

Quando Jesus penetra o coração do cristão, parece-se ao sol do meio-dia, em toda a plenitude, derramando claridade exuberante.

Quando a alma se integra no Cristo, é qual poente adornado de belezas em que todas as coisas fulgem e refulgem, para desaparecerem na despedida da claridade.

Quando, porém, o cristão repousa na plena paz da consciência tranquila com o Cristo, é como sol de eterna aurora, na sucessão inapagável de luzes e cores, abençoando tudo e todos.

**6.** A lágrima de uma estrela solitária pediu ao mar silencioso que a recebesse e lhe desse ajuda.

Respeitando-lhe a integridade, o oceano a recebeu, alojando-a silenciosamente na nobreza calcária de uma ostra.

Transformada em pérola pálida e fulgindo na coroa de um velho rei, bendizia o seio que a transformara. Era como se a submissão do amor proporcionasse a beleza da paz e esta bendissesse aquele amor que a fortalecera.

*Poemas de Paz*

**7.** Na luta nobilitante da renovação espiritual, abençoa sempre.

Se a pedra contundente te fere, abençoa o apedrejador.

Se a maldade escarnece das tuas intenções, abençoa o mal.

Se a infâmia te segue os passos, armando ciladas, abençoa o perseguidor.

E se tombares, por falta de forças para seguir além, vítima, com a consciência serena, abençoa o resgate.

Abençoa sempre!

A Justiça inconfundível de Deus se encarregará, oportunamente, de alcançar aqueles que ainda estão enganados, como hoje a ti mesmo alcança, alçando-te aos píncaros do amor em paz, após o débito liberado.

**8.** Pode-se adulterar a verdade sem lhe empanar a realidade intrínseca; pode-se perturbar a justiça sem lhe confundir a dignidade. Também se pode gozar de uma paz aparente e parasitária sem que seja real, tanto quanto realizar um trabalho deturpado e indefinido sem que ele confira os loiros da verdadeira tranquilidade. No entanto, somente na vivência da verdade e na consciência da justiça, por meio do trabalho desdobrado em ações corretas, experimenta-se paz condigna.

**9.** Fala-se de paz como se esta pudesse ser adquirida por meio de um labor precipitado e de uma realização superficial.

Crucificado por uma justiça arbitrária, Jesus não deblaterou; abandonado pela fraqueza dos amigos, não se queixou, e deixado a morrer, não acusou, nem se defendeu. Esta é a lição-clímax da paz interior, feita da consciência integérrima pelo dever santamente cumprido, com olhos vistos na Imortalidade Triunfante.

**10.** O guia de caravana do deserto que não experimentou a chibata do simum zurzindo nas carnes, ignora a gravidade do perigo e, por isso, teme, sem paz, enquanto não vence a aspereza do testemunho.

A mesmo ocorre na travessia da vida: somente prossegue em paz aquele que sofreu e superou a dor.

**11.** O debatido problema da paz no mundo é, antes de tudo, problema do amor entre os homens, amor que gera justiça que engendra paz.

**12.** Muitos corações que se dizem solitários e tristes amam o crepúsculo diário da Natureza, porque lhes parece repousante e melancólico o entardecer, oferecendo breve repouso de paz, na luta sem trégua da depressão íntima.

A alma idealista e lutadora ama a alvorada da Natureza, que é sempre um convite novo ao trabalho e à conquista.

Servindo com Jesus – alvorada bendita! – o coração, prenhe de luz da esperança, experimenta o repouso em júbilo, que é a paz do Espírito realizado.

**13.** Deus é luz, e o combustível de que se utiliza é o Amor. Para identificá-lO em nós, basta que sintamos paz. Porque a paz é o Amor de Deus transformado em luz imperecível dentro de nós.

**14.** A enfermidade é o imposto da saúde, e a paz é a remuneração do trabalho.

**15.** A pálpebra da paz desceu suavemente sobre os olhos do serviço e uma grande serenidade aquietou o coração do homem ativo.

**16.** Seja dominadora a tua paz no céu do teu Espírito, como o foco de luz no bojo da noite escura.

**17.** O amor cristão pode ser comparado a abençoada agulha que costura os tecidos rotos da alma humana com a linha da caridade de Jesus para a harmoniosa paz do mundo.

**18.** Narra antiga estória hindu que o rosto claro do dia, necessitando de repouso, submete as suas pálpebras cansadas à ternura da noite para reaparecer novo e jovial logo mais tarde.

Permitimo-nos acrescentar que a face da manhã é qual o amor que sente necessidade, após o trabalho, de se agasalhar na paz da noite, para a caridosa tarefa de derramar luz no semblante da Terra conturbada.

Se a paz que possuímos se deriva do trabalho concluído, o nosso amor então cresce tanto que se trasveste da verdadeira caridade, enriquecendo o mundo de esperança e luz.

**19.** Paz é segurança.

Segurança e paz são, pois, termos clássicos da felicidade.

**20.** A paz verdadeira se firma nas bases do amor, mas para que se assente com segurança em qualquer circunstância da vida – caridade antes.

**21.** Parafraseando o Apóstolo dos Gentios, em torno da caridade, digamos também que a paz não se ensoberbece, não humilha, não ridiculariza, não se envaidece, não é estranha nem mesquinha, não se engrandece, não sobe às alturas da prepotência, nem desce aos bastiões vis da ignorância.

A paz, qual tesouro de incalculável valor, pode coroar as virtudes excelentes da fé e da caridade, levando no seu conteúdo a esperança para conduzir o homem ao reino da consciência integral.

**22.** A excelência do metal resulta da qualidade da sua constituição.

A nobreza da paz se faz conhecida pelo tempero do trabalho e da honra. Quantos desejem a paz sem jaça, honorifiquem-se no trabalho, construindo a harmonia íntima.

*Poemas de Paz*

**23.** Entregues a Deus de coração e consciência, em totalidade de amor, estaremos em paz, pois ninguém perturba.

**24.** Cultivemos a própria paz mediante o que possamos oferecer ao próximo na conquista da sua paz.

**25.** Na pétala da rosa a gota do orvalho sonhava: "Amanhã serei rainha. Sugarei o sol na intimidade do meu volume e toda o refletirei."

A rosa tranquila, balouçante ao vento, prosseguiu em silêncio aromatizando. No dia imediato, quando o sol dourado penetrou a gota de orvalho e a transformou em diamante radioso e puro, absorveu-a com um ósculo de realidade.

Se já tens paz, não sonhes com o futuro. Age agora, porque o amor que aquece, desequilibrado, devora. Faz-se necessário que a paz realize a caridade do equilíbrio nos sentimentos para que o beijo da ansiedade afetiva converta a vida em bênção de trabalho edificante.

**26.** Quando é possível a alguém, no crepúsculo, deter-se num raio de ouro esfuziante de luz que passa numa fresta, ali encontrando um festival de belezas, já é possuidor da visão da paz.

**27.** Uma consciência que suporta, em tranquila confiança, a tormenta da maledicência e da calúnia e prossegue intemerata, conquistou a paz.

**28.** Num solilóquio de prece, a alma que consegue planar além e acima das vicissitudes do caminho difícil da evolução, penetra-se toda de paz.

**29.** Poema de paz: crescer a ponto de fazer-se criança;
amar até atingir a plena inocência;
doar-se em plenitude de pureza;
imantar-se do magnetismo da paz.

**30.** Todo aquele que busca a paz já a conhece intimamente. Sendo possível perseverar na incessante busca pela sua aquisição, despertará impregnado dela, pois que a paz real é a que medra no coração de quem sente necessidade de refazimento e esperança, e dirige os pés no seu caminho.

> *"A mente da carne é morte, mas a mente do Espírito é vida e paz."*
>
> *Romanos, 8:6*

> *"São eternas as palavras de Jesus, porque são a verdade. Constituem não só a salvaguarda da vida celeste, mas também o penhor da paz, da tranquilidade e da estabilidade das coisas da vida terrestre."*
>
> *O Evangelho segundo o Espiritismo, capítulo XVIII, item 9.*

# Maio

"Glória a Deus nas maiores alturas.
E paz na terra entre os homens
a quem Ele quer bem."

Lucas, 2:14

**1.** Comumente a paz é considerada como estesia, repouso, uma quase desolação, amortecimento. No entanto, há muito mais paz quando, por exemplo, em a Natureza sorri o Sol após a tempestade, oferecendo um panorama de esperança por toda parte onde o vendaval causou dano.

Quando passa o simum que parece vitorioso no deserto; ou quando desaparece o ciclone que vem do mar, soprando vagas, destruindo tudo; ou quando a ventania ululante estraçalha árvores; ou passada a chuva torrencial, quando tudo se aquieta e uma sensação singular e rara penetra tudo – eis a paz! Ouve-se um hino de alegria em todas as coisas vivas, que cantam através de onomatopeias e vozes animais a renovação que a paz propicia.

Tal é a paz da vitória sobre os tormentos.

Assim também no homem. Após as lutas, na batalha das paixões, embora de corpo e alma esfacelados, se o homem puder cantar, sobre os escombros que a violência deixou para trás, a canção da própria alegria, sem dúvida, terá conquistado a paz.

**2.** Na grandeza abissal da caverna, o cair rítmico da água escorrendo pelas frestas, oriunda das nascentes ignotas, quebra o silêncio e a monotonia, formando em derredor estalagmites e estalactites, que vencem os tempos, sem pressa, em quase poesia de paz. No imenso país da alma, a dor, como serena gota de linfa, em precisão, caindo, constrói os monumentos de paz, que o passar dos anos não arrebenta e, sim, mais consolida.

**3.** Quem alongue o olhar numa noite estrelada de inverno, experimentando o contato com a Natureza exterior, à sombra augusta de uma árvore, que se espraia por um solo descampado, ouve no recôndito d'alma o perpassar suave da brisa em musicalidade cheia de sublime harmonia, como trazendo a mensagem dos astros longínquos, em gloriosa exaltação ao Criador.

O homem atribulado, no mundo estranho por onde deambula, naquele momento se deixa arrastar por expressiva melancolia e sente o coração envolto em nobre estado de rara emoção. Mergulha na paz que tudo envolve.

Seja tua a paz que te erga do "barro" da carne por onde prossegues na busca dos Altos Cimos, em que comungarás com Deus.

**4.** Humilde violeta, à margem de lago tranquilo, falou em paz a abjeto batráquio: "Ama-me!". Raivoso, o sapo a esmagou.

A violeta morreu em autodoação, e o animal teve a pata perfumada.

**5.** O homem feliz ofereceu a atormentado mendigo um punhado de valiosas moedas. Embora de coração exuberante, orando, balbuciava: "Obrigado, Senhor, porque posso dar, embora não tenha paz. Por que será?"

Na consciência, todavia, alguém lhe parecia falar: "Dás do que te dei; és devedor, porque aquele que dá sou eu. Se, no entanto, queres paz, dá-te".

*Poemas de Paz*

**6.** Quando descansaram o corpo morto sobre a terra, disseram com desdém: "Fica-te aí, no monturo, mistura-te na lama e no pó, volta ao que eras, enquanto eu, em roupagem igual a ti, irei viver e gozar".

A carne, em putrefação, olhou a terra generosa que em silêncio a recebia e murmurou consigo, quase feliz: "Segue, ingrato! Partes pisando sobre o pó que me agasalha. Metamorfosear-me-ei em adubo, tornar-me-ei seiva e quando buscares o perfume na flor e o fruto na árvore, estarei contigo, sentir-me-ás, experimentar-me-ás, e em paz terei o meu dever cumprido".

**7.** A planta esguia, ostentando bela e perfumada flor em longa haste, olhando a sua raiz, disse ao verme que a cortejava: "Afasta-te de mim, asqueroso animal!". O verme se foi.

Tempos depois, sem a necessária aeração que o verme lhe concedia, mediante o revolvimento da terra, a planta orgulhosa estava fanada, e sua flor emurchecida, enquanto adiante, em paz, o verme continuava a cavar...

**8.** A noite gritou ao poente: "Derramo o meu manto sobre ti e te venço". O Sol poente calou-se.

No dia seguinte, deslizando o seu *carro de ouro* em suave paz, o Astro-rei voltou a brilhar.

**9.** A lâmpada, deslumbrada e louca, sem paz, foi em busca do dia gritando: "Vou iluminar a manhã", e perdeu-se solitária no grande abraço do alvorecer.

**10.** A paz da consciência pode ser comparada àquela que levou a Santíssima a responder: – "Que se faça na serva, segundo a vontade do Amo".

**11.** Ao lado do amor, a retidão é das mais nobres qualidades morais do homem, aquela que pode proporcionar paz.

**12.** Na inclemente terra árida, o cáctus clamava contra o Sol abrasador: "Oh! calor que me asfixia, planta amaldiçoada que sou, nascida em solo ingrato! Todos me evitam e, carregado de espinhos, assemelho-me à maldição".

Naquela noite, uma estrela descuidada que vagava no céu deixou cair orvalho de prata e, depois de brilhar fulgurante, transformou-se em luminosa e perfumada flor, que sempre desabrocha uma vez por ano, em noite de cada verão.

Era o Amor de Deus coroando a planta amargurada com a paz da alegria.

**13.** Quando a alma ora, penetra no insondável da vida total e de tal maneira se extasia, que deixa de *ser* para *existir* na plenitude da paz.

*Poemas de Paz*

Se consegues romper as correntes do egoísmo e pensar em termos de igualdade universal, olvida tudo e, em paz espiritual, manifesta o teu amor à vida.

**14.** Em todas as nobres tarefas do mundo, a dignificação do trabalho se faz essencial. Na alma da caridade, todavia, o amor se enriquece de paz.

**15.** Faze da existência uma lâmpada acesa: a vida é o pavio, o amor é o óleo, a caridade a chama que crepita e o vasilhame é a paz que sustenta. Reúne ao pavio da vida o santo óleo do amor, o sublime vasilhame da paz, e acende a claridade vivificante da própria caridade e far-te-ás luz.

**16.** A caridade convoca, o amor une, a paz dulcifica, assemelhando-se a unguento precioso que penetra, balsamizando interiormente.

**17.** A retidão do caráter é para a paz interior o que a casca representa para a polpa do fruto. Sem uma é impossível a sobre-existência da outra.

**18.** A paz é qual claridade íntima, iluminando de dentro para fora.

**19.** Umedecendo as pétalas de uma rosa, o orvalho as bordou de diamantes reluzentes. O sol da manhã, sorrindo, osculou todas as pétalas e, sem o desejar, absorveu todas as gemas. Também a paz – esse orvalho precioso do Amor Divino – quando rociada pela caridade, deixa-se absorver pelo calor da sua flama.

**20.** Quando brilha a luz da caridade, o amor canta harmonias em nome da paz.

**21.** A paz também pode ser comparada a um aroma. Onde este aparece beneficia discretamente, e todos o sentem, modificando a poesia da paisagem; assim a paz de quem, renovado, consegue renovar em derredor...

**22.** A paz se parece ao pólen: aquela fecunda a felicidade e este perpetua a vida que guarda consigo, na fecundação.

**23.** Antiga lenda oriental narra que o Senhor Deus, após ter criado a vida na Terra, passou pela face cansada a mão espalmada, e, retirando o suor que lhe porejava em abundância, atirou-o a distância. O firmamento, então, povoou-se de estrelas e a noite se adornou de luz.

Quem deseje a paz luminescente da noite tranquila no céu do coração, gaste o *dia da vida* no trabalho do bem, a fim de que o suor do cansaço lhe povoe a *noite do amanhã* com os astros sorridentes da paz.

*Poemas de Paz*

**24.** A paz se equilibra na exaltação da alegria, no profundo sofrimento, na tempestade da *morte*, na glorificação da *vida*.

**25.** Ar e paz – pão e luz.
O ar vitaliza – a paz asserena.
O ar é pão – a paz é luz.

**26.** A paz é vibração de Deus vitalizando aqueles que O buscam.

**27.** Só o amor é suficientemente sábio e forte para edificar no homem a consciência da paz.

**28.** O amor é premissa de ventura – a paz é a ventura no dever nobremente cumprido.

**29.** Acenda uma lâmpada na ventania e a proteja com a própria vida. Esta ação será segurança de êxito, isto é: mensagem de paz!
A paz verdadeira é imolação pelo êxito de todos.
Outra não foi a lição que desceu do Gólgota, cuja luz de esperança permanece acesa, há vinte séculos, clareando a Humanidade com acenos de paz.

**30.** Apenas uma sensibilidade olfativa bem acentuada registra suave aroma perpassando no ar. Qual aroma sutil, a paz somente é registrada por aqueles que são capazes de *perceber a vida abundante*, na escassez da vida enganosa do mundo.

**31.** O homem de bem utiliza o corpo como o aroma agradável se serve da flor que o esparze. Quando estiolada a flor, ele se desprende e, quando morta, se liberta.

O homem de bem de tal forma se deve deter na flor da vida carnal, que, estiolada esta, ele se desenvolva, e morta, liberte-se em paz, prosseguindo no rumo infinito da outra Vida.

> *"Assim, pois, seguimos as coisas que contribuem para a paz e as que são para a edificação mútua."*
>
> Romanos, 14:19

> *"Meus filhos, na sentença:* Fora da caridade não há salvação *estão encerrados os destinos dos homens, na Terra e no céu; na Terra, porque à sombra desse estandarte eles viverão em paz; no céu, porque os que a houverem praticado acharão graças diante do Senhor.* [...]*"*
>
> O Evangelho segundo o Espiritismo, capítulo XV, item 10.

# Junho

*"Agora, Senhor, despedes em paz o Teu servo.
"Segundo a Tua palavra."*

*Lucas, 2:29*

1. Harmonia interior – paz.

O ser que consegue harmonizar coração e razão, bondade e saber realiza-se em harmonia, frui a paz.

2. Quando o simum se levanta e ergue das cristas das dunas em repouso o lençol de areia, atirando-o pelo deserto aberto, a caravana que avança para. Homens e animais se curvam sobre si mesmos e por meio de movimentos rítmicos acionam o corpo, a fim de não serem soterrados. Quando cessa o calamitoso grito do vento e a Natureza retoma a quietude de dantes, a jornada prossegue; e o faz pelo objetivo que tem à frente. Nesses homens se misturam a confiança em Deus e a paz do dever cumprido...

Na vida, muitas vezes, é indispensável que nos dobremos para aguardar que passe a tempestade, embora não fiquemos em inação. Terminado o clamor da borrasca, seguir à frente demandando o alvo, mantendo no coração a paz e na mente a certeza de que Deus é o Objetivo.

3. Muitos são os conceitos de paz: sossego, repouso, serenidade, tranquilidade. Nenhum deles, no entanto, resulta da acomodação, e quando tal ocorre, esta não é a paz duradoura. Aquela que transcorre de todo o bem que pratica, tendo em vista o bem do próximo, esparze o reino da esperança e da alegria em volta e se faz verdadeiramente paz.

**4.** Na corola de uma flor, o orvalho da manhã fitava o Sol, emboscado na gota d'água, e dizia jubiloso: "Sou uma *lágrima* de Deus. Na minha limpidez, os dardos de luz dançam felizes e ficam luminosos".

No abismo do oceano, perdida na concha escura de uma ostra, uma pérola inquiriu: "Quem sou, tão apagada, aqui perdida?!".

O vento matinal derrubou o orvalho, atirou-lhe pó e, envolvido, fez-se lama que o Sol do meio-dia crestou.

Arrancada por mergulhador aventureiro, a pérola saiu da ostra e, adornada de ouro, foi engastada numa coroa de rei, refletindo em sua palidez a paz de quem soube esperar...

**5.** O coração quando ama se transforma em cítara a modular a cantata da esperança. O amor quando encontra o homem, condu-lo à mansão da paz, embora não se sinta amado pelo amor que ama.

**6.** A honra da paz é dar.

Dar tanto de si, que não podendo pensar em si, perde-se, dando-se a si mesmo em plenitude de paz.

**7.** No crepúsculo ético da atualidade, o Evangelho em suas lições profundas é o sol que aquece e acalenta. Para recebê-lo e detê-lo, é necessário caminhar pela senda da paz íntima, coroado pela felicidade de servir.

*Poemas de Paz*

**8.** O título nobilitante somente é conferido após a vitória sobre os exames. Assim a paz: somente é ofertada após a vitória dos que combatem em luta.

**9.** A paz é luz – o amor é combustível.

Para que a paz se demore como realidade na lâmpada do coração, é necessário que o fio do amor continue doando combustível para manter aceso o lume da alegria.

**10.** Uma gota de luz balsâmica, qual orvalho divino, caiu numa ferida em chaga viva e, mensageira da saúde, refrigerante e salutar, esparziu a dádiva da cura.

A paz – refrigério divino – repousa na alma que arde em incêndio e logo singular tranquilidade tudo inunda, restabelecendo a paisagem da esperança.

**11.** Se desejas a paz que se deriva da consciência em harmonia, desculpa quem te aflige e ama realmente aquele que te amargura agora, para que mais tarde, passada a dor, não sofras o remorso pela oportunidade perdida. A paz real é como a rosa feliz que flutua exuberante acima e além dos espinhos que a podem dilacerar.

**12.** Gotejando serenamente, a água parece cristal liquefeito que termina por fender o granito.

Confiando persistente, o cristão decidido avança imperturbável e vence os obstáculos da senda para desfrutar da paz.

**13.** A consciência ultrajada é escrava da justiça laboriosa. A justiça perfeita é serva da paz da consciência.

Agir corretamente ou deixar de fazê-lo é livre-arbítrio que possuímos.

Age, no entanto, na retidão, para seres chamado "filho da luz", pacificado e justo.

**14.** O Criador manifesta a Sua Magnanimidade na criatura pela bênção da paz que distende a quem luta e O busca.

**15.** O amor é a seiva da *videira* que se veste de flores da paz e de frutos de caridade.

**16.** A inteligência engendra a astúcia, enquanto que o coração expressa o sentimento. Aquele que apenas examina tudo sob o crivo da razão, não poucas vezes se deixa atormentar e afligir; aquele que somente se deixa conduzir pela emoção, perturba-se. O ideal é preencher através do sentir o que não se pode compreender, para, então, viver em paz.

**17.** A paz é semelhante a gemas preciosas do orvalho divino. Osculadas pela caridade e pelo amor, deixam na alma o rocio da tranquilidade íntima.

**18.** Quando o amor chora em segredo, está resignado; quando serve com alegria, faz-se socorro; quando en-

*Poemas de Paz*

tende, transforma-se em compreensão; quando se movimenta para servir em silêncio e renúncia, é caridade; quando o amor sabe esperar em confiança, converte-se em paz de espírito.

**19.** A noite orgulhosa cantava sobre a terra em vitória: "Tudo domino. Reino. Quem me pode vencer as trevas?"

Logo depois, vagarosamente, foi devorada pelo claro riso da manhã.

Assim é o problema da paz – resultado de realidade intrínseca.

Quem tem paz – sabe, não diz. Quem diz, não a tem.

**20.** Falar bem traduz erudição.

Agir com segurança expressa conhecimento.

Um é conquista mental, outro labor real.

Há os que falam e os que agem. Os primeiros, invariavelmente, agitam-se em tormento; os segundos quase sempre estão em paz.

**21.** "Se tiveres fé..." – disse o Senhor. Este ensinamento se demora por vinte séculos sustentando as colunas da Humanidade. Para ter paz, é necessário possuir a fé que realiza o *milagre* da ação contínua e nobre, sem desfalecimento nem receio.

**22.** Orava o crente, diante do altar da Natureza: "Oh! grande Tu, que do *nada* arrancaste *tudo*! Faculta-me a felicidade de ter no meu imenso *tudo* a partícula do Teu *nada*, na mensagem fecundante da Tua paz".

**23.** Serenidade apenas não significa paz verdadeira. Barbitúricos produzem calma... Mas só a lição viva e realizada do Evangelho oferta paz.

**24.** O amor é o dínamo da vida. A paz é a vida dinamizada pelo amor.

**25.** Quando a alma se esvazia do *eu* e em oração se enche de Deus, enriquece-se de paz.

**26.** Quando o bem se ausenta, a dor desespera. Quando reina a vitória do bem, a paz governa.

**27.** A tormenta desarvorada cindiu a árvore, despedaçando-a, e prosseguiu rugindo, em desalinho.

A árvore ferida, no entanto, segura de si através da seiva, respondeu ao golpe violento, derramando óleo perfumado pela cisão e, em breve reverdecida, multiplicou-se em flores e frutos. Era a resposta da paz da Natureza ao guante do desespero das forças desgovernadas...

**28.** A glória da vida inteligente se resume na vitória do homem através do seu autoconhecimento, para solucionar o problema da paz.

**29.** Na vitória do dever está a paz da justiça.

**30.** O amor é base, o trabalho é meio, a paz é fim. Ama, trabalhando, e terás a coroa da paz.

*"O Deus de paz seja com todos vós."*

*Romanos, 15:33*

*"[...] À morte nada mais restará de aterrador; deixa de ser a porta que se abre para o nada e torna-se a que dá para a libertação, pela qual entra o exilado numa mansão de bem-aventurança e de paz. [...]"*

*O Evangelho segundo o Espiritismo, capítulo II, item 5.*

# Julho

*"Em qualquer casa que entrardes, dizei:
Paz seja nesta casa."*

*Lucas, 10:5*

**1.** Amor como clima de renúncia, para que a paz como hálito da alegria fecunde a vida.

**2.** Quando Cornélia, a dama romana, apresentou os filhos como as suas mais valiosas joias, atestou a grandeza da paz íntima que se firma na confiança plena e que nada mais ambiciona para si.

**3.** Lutar pelo bem e bem sofrer é engrandecer-se em espírito.

Ansiar por uma paz inerme é como cobiçar a tranquilidade aparente.

Paz autêntica é aquela que se expressa na realização nobilitante do bem conseguido.

**4.** Na abençoada árvore da luta edificante, a flor se chama esperança e o fruto é conhecido como paz.

**5.** O pessimismo disse ao agricultor: "Recebe-me!", e o homem do campo foi tomado por aflição tormentosa.

O entusiasmo lhe falou: "Toma-me contigo e produze!", e, através do trabalho, uma grande paz lhe empolgou a vida.

**6.** Nasce o Espírito dos *fascículos de luz* que se agregam. Surge a paz na integração interior do homem em si mesmo, edificando o amor.

**7.** Mente – vida; paz – vitalidade da mente. Aquele que trabalha os filões sublimes da fonte mental desenvolve a vida e fá-la crescer até que, adornada de paz, glorifica a vida.

**8.** Antes do amor não existia a vida, porque Deus é amor. Sem paz não se vencem os óbices que surgem na conquista da vida.

**9.** Tenhamos a paz como valioso tesouro que nos compete guardar com sacrifício e zelo. Resguardemo-la, todavia, em nós de tal modo que os ladrões do desespero não a possam tomar, quando visitarem o domicílio da nossa alma.

**10.** Realizada a paz interior, não há como temer dias imprevisíveis, porque, ao conquistar o *hoje* tranquilo, o *amanhã* será reflexo dessa realização em caráter de perenidade.

**11.** Quem deseje integração no espírito da vida realize com disciplina de hábitos e costumes e comande a razão para desfrutar de paz.

**12.** Sofrendo, fiava na roca do amor as telas da resignação, que se transformavam em conchas de paz no cendal de luz da encarnação vitoriosa.

*Poemas de Paz*

**13.** Débil como um sonho de quimeras e potente como a paz do espírito justo.

**14.** Perseguindo a paz – dizem muitos –, fomentam guerras cruéis dentro e fora dos limites do próprio Espírito, esquecidos de mergulhar no sacrifício pela harmonia geral.

**15.** Desejava a paz acima de tudo e inverteu todos os demais valores da vida para consegui-la, o que, em verdade, colimou.

**16.** Depois de perder os sonhos da ilusão, despertou inundado pelo sol da paz.

**17.** Choras, decepcionado, com a vida porque não possuis o tesouro transitório que deslumbra a ambição na Terra. E ignoras que eles, os dominadores do mundo, vivem sem paz, porque possuem o que te falta.

**18.** A paciência confabulava com o sofrimento: "Resigna-te e avança de membros combalidos. Atingirás o destino".

Imprecava o desespero junto à dor: "De que te vale a vida?! Aniquila-a e repousarás".

Avançando, paulatinamente, o sofrimento sublimado transformou-se em plenitude de paz, além da vida...

Espicaçada pela loucura, a dor despertou em alucinação, depois da vida...

**19.** No eito do martírio, a paz da libertação coroou o homem sacrificado.

**20.** A paisagem sofrida pela tempestade respondeu à destruição com a paz do reverdecimento do campo logo depois.

**21.** O silêncio da renúncia é a única melodia capaz de fazer coral junto ao canto da paz vitoriosa sobre a aflição vencida.

**22.** Embora chorando de compaixão, a piedade transformou as mãos em duas alavancas de caridade e resolveu o problema da dor, esparzindo a esperança da paz.

**23.** Somente aquele que se esvazia de egoísmo se pode encher de paz.

**24.** Os heróis que não lutaram deslustram o nome que ostentam; os cristãos que não se deram ignorarão as láureas da paz.

**25.** Passada a superlativa dor da delivrança, a parturiente sorri em repouso de paz pela glória de ser mãe.

**26.** Na tormentosa aridez do deserto, o *feneco* é como o atestado do Amor de Deus, em forma de vida, cantando a paz do existir.

**27.** Recapitula e consolidas; consolidas e produzes. Produzir com Cristo é assegurar-se, e, assim sendo, bem produzindo adquires a paz que em ti mesmo produzirá o bem.

**28.** Concebe a serenidade como uma flor que se transforma em fruto de paz e compreenderás que a árvore de tão raros resultados é o trabalho. Planta, então, através do trabalho, as futuras flores de serenidade e colherás os pomos vindouros da paz.

**29.** Cristão é teu nome e pacifista teu sinal, pois que somente pela paz que decorre do amor conseguirás o ideal do próprio Cristo.

**30.** Toma! – oferece a comodidade. E apresenta a senda farta da luxúria... Conquista! – clama o amor, e aponta o tesouro da paz futura.

**31.** A vista se lhe turvou e, dilatadas, as artérias pareciam a ponto de romper-se. O corpo cheio de equimoses dolorosas fremia ao impacto da circulação mortificante. A consciência obnubilada denunciava a extrema agonia. A voz debilitada, no entanto, balbuciou: "Perdoa-lhes, meu Pai, não sabem o que fazem!".

Este é o grande amor de paz que, vencendo os séculos, convida-nos ao respeito pela vida. Na síntese da cruz o apelo universal do Amor de Deus à Humanidade.

Quando pudermos apagar do coração a mágoa e sentir afeto por quem nos inflige a dor, nosso amor clarificante conseguirá perdoar e tudo impregnar de paz.

*"Porque Deus não é Deus de confusão, mas de paz."*

*Coríntios, 14:33*

*"[...] Que, pois, o Espiritismo vos esclareça e recoloque, para vós, sob verdadeiros prismas, a verdade e o erro, tão singularmente deformados pela vossa cegueira! Agireis então como bravos soldados que, longe de fugirem ao perigo, preferem as lutas dos combates arriscados à paz que lhes não pode dar glória, nem promoção! [...]"*

*Delfina de Girardin*
*O Evangelho segundo o Espiritismo, capítulo V, item 24*

# Agosto

*"Senão, enquanto o outro ainda está longe, envia-lhe uma embaixada, pedindo-lhe condições de paz."*

*Lucas, 14:32*

*Poemas de Paz*

**1.**   Um grito, um gesto heroico. Doou a vida por outrem e viveu em plenitude de paz espiritual.

**2.**   Inerme e pachorrenta, ambicionava a glória. Ativa no trabalho eficiente, penetrou-se de paz.

**3.**   Os frutos exuberantes eram os poemas da seara feliz em cânticos de paz.

**4.**   Afirmava a guerra: "Tudo destruo, quando passo!". Assevera a paz: "Tudo refaço, aonde chego!".

**5.**   A árvore luxuriante clamava contra o regato que lhe afogava as raízes, no curso incessante. A água cristalina deixou-se absorver em paz pela ardência do sol. Quando a canícula crestou a planta, a linfa voltou a cair em paz, como dádiva da chuva, revigorando o córrego, reverdecendo o lenho pretensioso que amaldiçoara a cooperação...

**6.**   Sofrendo a cova escura, a semente em paz esperou o tempo e transformou-se em bênção de abundância e vida.

**7.**   Amargurada por saudade infrene, a mãe em sofrimento orava em conflito.
       Inundado pela paz da Imortalidade, o filho a afagava com as mãos do amor confiante.

**8.** A paz do silêncio; o conflito da atroada!

Há, porém, muito poço transparente vencido por miasmas que geram a morte, e cachoeiras violentas que lapidam pedras brutas, tornando-as gemas de nobre valor.

**9.** "Foge da luta que te dilacera!" – insta o medo em voz de cobardia.

"Sofre, mas prossegue; labora e embeleza com o amor as horas da peleja redentora" – obtempera a paz, diligenciando felicidade.

**10.** Não poucas vezes a paz autêntica tem início em pleno fragor dos combates renhidos.

**11.** Policia a irritação que é matriz de males incontáveis, fomentando a paciência, que é geratriz de toda paz.

**12.** Salmodias da beneficência cantando orações de paz, num concerto de amor.

**13.** Enquanto a languidez resulta do cansaço e da inatividade, a paz fortalece o Espírito e vitaliza o corpo.

**14.** Mergulhou no oceano da prece para fruir a paz da renovação.

*Poemas de Paz*

**15.** Moureja, infatigável, na Seara da Luz, mesmo quando as forças te pareçam escassas. Aquele que conhece Jesus somente repousa quando experimenta a plena paz da tarefa executada.

**16.** Coração que ama sem exigência conhece paz em plenitude.

**17.** Insta na luta da sublimação sem te permitires concessão à comodidade.

A paz que não se coroa é engodo.

**18.** Os que entorpecem a consciência supõem, no engano, que desfrutam a concessão da paz. Todavia, a sombra do erro, que empana a lucidez do dever, será diluída pelo veemente desejo da paz verdadeira, que é semelhante a luar em treva densa.

**19.** Leve como um aroma no ar e sutil como um ósculo de ternura – eis a paz da inocência!

**20.** Cantando, incessante, a cigarra inquieta logo perece. Produzindo, incansável, a abelha na paz do trabalho favorece a vida.

**21.** Dobra, submete à santificação do trabalho o Espírito rebelde, vencendo o egoísmo, e jornadearás em paz risonha.

**22.** Não basta crer no Cristo para dizer-se cristão...
Não basta crer na paz para possuí-la.

**23.** Esparze, trabalhador, a semente da harmonia por onde passes, e a paz da alegria verterá bonança pelos caminhos.

**24.** Os frutos da árvore da vida são esperança e fé.
Os pomos do amor são misericórdia e paz.

**25.** Se a paz que te visita não torna humilde o teu Espírito, em verdade ela é somente presunção. O homem de paz se esquece de si mesmo a serviço do próximo.

**26.** Dois olhos transparentes na face de uma criança feliz é a paz da inocência refletida na direção do futuro.

**27.** Cessada a balbúrdia imensa do vendaval, somente o silêncio da paz cantava um hino de bonança renovadora.

**28.** De coração totalmente vencido, penetrou na morte, vítima do sofrimento, para ressuscitar na vida penetrado de paz.

**29.** O teu colóquio com Deus através da prece da caridade te dará um lastro de paz para as edificações porvindouras da superação do próprio *eu*.

*Poemas de Paz*

**30.** Um poema de paz numa mensagem de bondade: o amor fraterno!

**31.** A nostalgia passou ao largo porque o coração, enriquecido de paz, tinha asseado todos os escaninhos do pessimismo.

*"Portanto ninguém o despreze. Mas encaminhe-o em paz, para que venha ter comigo; pois o espero com os irmãos."*

I Coríntios, 16:11

*"[...] Senhor, deste aos homens leis plenas de sabedoria e que lhes dariam felicidade, se eles as cumprissem. Com essas leis, fariam reinar entre si a paz e a justiça e mutuamente se auxiliariam, em vez de se maltratarem, como o fazem. O forte sustentaria o fraco, em vez de o esmagar. Evitados seriam os males, que se geram dos excessos e dos abusos. Todas as misérias deste mundo provêm da violação de tuas leis, porquanto nenhuma infração delas deixa de ocasionar fatais consequências. [...]"*

*O Evangelho segundo o Espiritismo, capítulo XXVIII, item I, subitem II.*

# Setembro

"Ah! Se tu conheceres ainda hoje o que te pode trazer a paz! Mas isto está agora oculto aos teus olhos."

Lucas, 19:42

*Poemas de Paz*

**1.** Vencido o egoísmo no renhido combate do amor, a paz da consciência é semelhante à aprovação da vida, como estímulo à vitória imortalista.

**2.** Quando a alegria evangélica envolve o homem qual se fora acariciante brisa de paz e fertilidade da Natureza, as expressões torpes das paixões foram superadas e ignotas esperanças sonham bênçãos de harmonia.

**3.** O jardim da Via Láctea, desabrochando flores estelares, envolve a Terra, em cada noite transparente com poesias de beleza e paz. Assim, o amor, quando se enfloresce de luz e bondade, reveste o pântano de esperança e o sarçal malsinado pode converter-se em seminário de alegria.

**4.** Quando alguém compreende que não se pertence, e que sua vida deve ser utilizada a benefício de outras vidas, supera o personalismo e, transformado em rota de segurança, impregna-se de paz.

**5.** Depois que as vagas se arrebentam nas pedras e todo o dorso do oceano se agiganta numa incontida ânsia de crescer, para; uma brisa, então, varre todo o seio das águas transformadas em espelho sereno. A preamar é como a paz da Natureza respondendo à violência do magnetismo lunar sofrido pelas águas imensas...

**6.** Se fores sacudido de encontro às rochas da vida e atraído no fluxo e refluxo dos vendavais dos caminhos a percorrer, conserva o bom ânimo e prossegue, pois que chegará o momento da tua paz. Se nesse instante de serenidade tiveres força para sintonizar com a Divina Providência e agradecer as lutas, integral será a tua paz, porque decorrente da mansuetude inalterável de quem confia em Deus.

**7.** Paz é coroa de bênçãos que, pousando na cabeça do desfalecente, inunda-o de alegria, embora o fardo pesado das dificuldades a vencer.

**8.** O areal não tem fim, e o horizonte se rasga no infinito. A caravana na areia é um ponto de treva sob o grito escaldante do sol. Aquela caravana, porém, tem um fim a alcançar. O condutor fita o céu e, se é noite, deixa-se guiar pela estrela luzente, que lhe aponta o objetivo. Vence, então, a solidão, o cansaço, o areal, a sede, a fome, a tempestade, sofre e supera a dor. Chegando ao destino, apresenta as contas da viagem e, só então, repousa, somente agora frui a paz. A paz que o invade é decorrente do dever conscientemente exercido.

**9.** A tormenta prepara o solo para a semeadura, como a guerra valoriza a paz.

*Poemas de Paz*

**10.** A noite hibernal vestindo a terra de crepe acreditou--se senhora. Logo depois, no entanto, a clara face da manhã de paz envolveu as sombras e entornou suas dádivas de alegria.

**11.** Contemplando a seara coberta de flores e de grãos, o agricultor, emocionado, exclamou: – "Graças às minhas mãos a terra está recoberta de vida e logo mais a mesa surgirá farta de pão. Este é um triunfo meu!".

Quando o homem partiu, a gleba feliz, mergulhada na epopeia da própria paz e pujança, parecia dizer: "Deste-me sementes, homem, e eu te multipliquei os grãos".

A consciência em paz não relaciona atos, doa benefícios.

**12.** A flor, que rescende perfumes, identifica-se com o ar, como a agradecer a concessão da vida. O homem que atende às suas tarefas se identifica com o Senhor da Vida e se rejubila em paz.

**13.** Lucigênito, o homem é fascículo da Divina Luz, nele projetada.

Amoroso, o homem se penetra da paz que dimana da Consciência Cósmica nele presente.

**14.** Agitado nos invisíveis braços do vento, gritava o pólen: "Ai de mim que estou vencido no turbilhão que me arrasta!". Caindo na corola de uma flor, voltou a reclamar: "Afogo-me, Deus meu, neste líquido pastoso que me consome". Transformado, porém, em energia que multiplicava a vida vegetal, rendeu graças ao Amor de Deus, por estar metamorfoseado em força da vida, atuando na paz da produção.

**15.** A fé que se mantém no tumulto torna-se paz que vence os conflitos.

**16.** O amor pode ser comparado a livro superior cujo conteúdo é a paz. Somente se pode gozar dessa paz, quando se abre esse mensageiro e se passa a vivê-lo em regime de intensidade.

**17.** E disse Jesus: "Não dará pedra a quem lhe pede peixe". Segurança que produz paz.

**18.** A valiosa gema da paz somente encontra escrínio de igual valor, quando depositada na urna do amor.

**19.** Edifica a paz no Espírito como o carvalho se consubstancia no próprio lenho; célula a célula, vibração a vibração.

**20.** Enquanto sonha, o homem espera, quando age no bem, encontra a paz.

*Poemas de Paz*

**21.** Amor é vida, e paz é vigor para a vida. O amor sem paz é como terra produtora vencida pelo matagal, e a paz sem amor se compara a árvore frondosa de lenho inútil e sem produção.

**22.** Viver com sabedoria o momento de cada instante, para viver a paz de todos os momentos.

**23.** O homem que possui a paz, não é apenas o homem de face serena. Antes é o homem de bem, o que labora incessantemente no dever. Não somente estar hoje com a consciência tranquila, porém porfiar no labor edificante para permanecer em tranquilidade.

**24.** O verdadeiro amor conduz o Espírito pelos invisíveis rios do progresso nas suaves asas da paz.

**25.** Errando pelo deserto, velho beduíno enfermo e solitário alçou o pensamento e interrogou, em silêncio, buscando saber a razão de sua soledade e dos sofrimentos experimentados.

No bojo da noite estrelada, um lampejo inundou-lhe a mente de resignação e uma suave paz tomou-lhe todas as fibras, adormecendo-o nas dunas para despertá-lo nas Regiões da Felicidade.

**26.** Sem amor não há vida, e sem paz não existe o amor.

**27.** Se realizas o ideal de servir, mantendo a sementeira da vida na vida da sementeira, tens alegria, e essa alegria é também a tua paz.

**28.** Quando o homem consegue impregnar-se da verdade e se permite viver seguindo-lhe as linhas, marcha em paz, e, pacificador, distende as expressões da tranquilidade por onde passa.

**29.** Para que aquilates a grandeza da paz, vive de tal forma que possas olhar o passado sem envergonhar-se dele...

**30.** Inconfundível o caráter de paz do Mestre Jesus: a severidade para com os exploradores do povo, os pusilânimes e os astuciosos, Ele convertia em doçura para as crianças, compaixão para os sofredores e piedade para os infelizes.

Todo Ele é uma surpresa para quantos lhe buscam a Mensagem.

Homem incorruptível que é, comunga com os pecadores, desdenha dos falsos lauréis e é fixado numa cruz. Todavia, Sua vida é a verdadeira vida.

Seu legado: fidelidade ao dever, servidão à justiça, amor à Humanidade.

*"Mas o fruto do Espírito é a caridade, a paz, a longanimidade, a benignidade, a bondade, a fidelidade..."*

*Gálatas, 5:22*

*"[...] É a Justiça de Deus, importa que siga o seu curso. Dizei antes: Vejamos que meios o Pai misericordioso me pôs ao alcance para suavizar o sofrimento do meu irmão. Vejamos se as minhas consolações morais, o meu amparo material ou meus conselhos poderão ajudá-lo a vencer essa prova com mais energia, paciência e resignação. Vejamos mesmo se Deus não me pôs nas mãos os meios de fazer que cesse esse sofrimento; se não me deu a mim, também como prova, como expiação talvez, deter o mal e substituí-lo pela paz."*

*Bernadino, Espírito protetor.*

*O Evangelho segundo o Espiritismo, capítulo V, item 27.*

# Outubro

*"Falando eles estas coisas, apresentou-se Jesus no maio deles e disse-lhes: Paz seja convosco."*

*Lucas, 24:36*

*Poemas de Paz*

**1.** Se buscas a paz através do autoaniquilamento da vontade e do *eu* sem o serviço redentor junto ao teu irmão, nada conseguirás.

**2.** A paz não se enclausura, antes se exterioriza em equilíbrio e segurança.

**3.** Se podes evocar o passado dos teus atos, reconhecendo ter produzido o melhor que poderias realizar, o máximo no mínimo de tempo, surpreender-te-ás em paz de consciência.

**4.** A paz é qual cidadela que para ser vencida deve perder as muralhas dos obstáculos de que se reveste para quem a vê por fora.

**5.** Muitos *iogues e samanas*[4] acreditam que no mergulho interior encontram a paz, esquecendo-se do mundo. Voltando, porém, à realidade, deparam-se com as lutas a travar e vencer. Continuam fugindo de si mesmos, buscando uma paz inexistente, porque egoísta.

---

4. *Iogue*: aquele que pratica (ioga), o sistema de união com Deus por meio do silêncio, da contemplação, das austeridades místicas.
*Samana*: asceta peregrino que trilha a senda do aniquilamento do *eu* por meio do sofrimento voluntário e da vitória sobre a dor, a fome, a sede, o cansaço, a amargura. São muito comuns na Índia (nota do autor espiritual).

**6.** Não há tormenta exterior, por mais poderosa, que consiga vencer o semblante confiante da paz de quem conduz reta moral, mente harmonizada e coração amoroso.

**7.** O amor desinteressado e puro é nascente de paz reconfortante e vitalizadora.

**8.** A paz não pode ser considerada como um estado d'alma, ligeiro e exuberante. É uma condição permanente, derivada de vitórias sobre vitórias no campo da vida até a superação de si mesmo.

**9.** Quando uma aragem de amor envolve o homem abnegado a serviço da vida, um poema de paz canta no seu coração, concitando-o à paz demorada da felicidade.

**10.** A paz usa pouca roupagem verbalista, quase nenhuma, nenhuma para os que a conseguiram.

**11.** Aquele que permuta não ama; ainda está aprendendo a doar.

Quem se refere à própria paz, exibindo-a, ainda não a encontrou, está tentando.

**12.** Uma gaivota ao longe, voando sobre o mar tranquilo. Um cromo de beleza, uma mensagem de paz.

**13.** Possuindo a paz, o homem se transforma numa flauta cuja respiração entoa sublime e doce melodia.

**14.** Arroteado o solo na labuta da semeação, veste-se de paz na riqueza exuberante da abundância de grãos.

**15.** Pode-se insuflar a guerra e mobilizar as forças da destruição; calar a música da alegria dos povos e aumentar a dor no carro das vidas. Nunca, porém, se poderão calar as vozes da esperança e as canções de paz da Natureza, convidando os homens à vitória sobre as paixões.

**16.** A princípio, quando o rio atinge o mar, mantém suas águas separadas, para misturar-se além, muito além, em harmoniosa conjugação de líquidos.

Iniciante, a paz isola o homem, enquanto este se integra na sua posse, para depois a possuir, confundir-se entre as criaturas sem perder as qualidades íntimas.

**17.** A liberdade perfeita com a responsabilidade da consciência formam as melhores substâncias da paz humana.

**18.** Realmente livre, sem amarras de fora, sem limitações por dentro: em paz!

**19.** A semente, sob a neve, sonha em paz com a primavera da esperança e das flores.

**20.** Quando se começa a viver, principia-se a morrer; quando se morre, inicia-se a vida. A roda da vida e da morte são os estágios do dever, do amor e da paz.

**21.** A paz é a coroa do bem, tornada visível aos olhos espirituais.

**22.** Da mesma forma que a semente deve arrebentar-se para que dela surja a vida da planta, faz-se necessário que se estiolem no Espírito as paixões para que a paz triunfe no homem.

**23.** A paz que o Cristo oferece é semelhante ao ilimitado dentro do ser.

**24.** A raiz recebe para a realização do fruto e este se dá para a grandeza da vida. Assim é a paz: recebe o alento do trabalho e se oferece para a epopeia do amor.

**25.** A alma da paz desabrocha no coração de quem a persegue incessantemente, qual lírio imaculado sobrepairando no lodo em que medra.

*Poemas de Paz*

**26.** Sem mágoa, sem ansiedade, sem remorso: em plena paz, jornadeando na direção do amor, sem sofrimentos, sem aflição.

**27.** Ergue a lanterna do amor e derramarás pelo caminho a suave luz da paz.

**28.** A paz vem através do homem, mas não pertence ao homem: é o hálito do Amor de Deus, sustentando os viandantes que buscam a perfeição.

**29.** Quem se faz digno de cultivar e esparzir esperança, semear e colher bondade, arrosta os riscos do sacrifício, está credenciado a ganhar a paz.

**30.** A paz do ambicioso é como neblina que, toldando o sol, dilui-se ante sua forte claridade e a potência do seu calor.

**31.** Diante da fonte inexaurível do silêncio, após a refrega da luta, o trabalhador digno repousa ouvindo a melodia da paz que sua alma canta.

*"Vindo, evangelizou paz a vós que estáveis longe,*
*e paz aos que estavam perto."*

*Efésios, 2:17*

"[...] *Com que direito exigiríamos dos nossos se-melhantes melhor proceder, mais indulgência, mais benevolência e devotamento para conosco, do que os temos para com eles? A prática dessas máximas tende à destruição do egoísmo. Quando as adotarem para regra de conduta e para base de suas instituições, os homens compreenderão a verdadeira fraternidade e farão que entre eles reinem a paz e a justiça. Não mais haverá ódios, nem dissensões, mas, tão somente, união, concór-dia e benevolência mútua.*"

*O Evangelho segundo o Espiritismo, capítulo XI, Item 4.*

# Novembro

*"Eu vos tenho falado estas coisas, para que tenhais paz em mim."*

*João, 16:33*

*Poemas de Paz*

1.  A paz do amor em plenitude de confiança como consequência natural do amor à paz.

2.  O pensamento reto se transforma em arco, e o coração tranquilo, qual violino sensível, entoa delicada canção de paz em homenagem à vida.

3.  Com as mãos trêmulas de ansiedade, o artesão dos sonhos despedaça o tecido fino da paz da realidade.

4.  Nenhuma sombra de remorso chorando tristeza, voz nenhuma clamando revolta, somente silêncio de esperança murmurando paz no recinto iluminado do espírito confiante.

5.  A fé acende a chama do amor, e a caridade se imola em devoção para que a paz se faça a sustentação do lume.

6.  O rosto plácido de uma criança dormindo; os olhos faiscantes de uma criança sorrindo – a paz da inocência!

7.  O punhal invisível do sofrimento resignado extrai o ácido da infelicidade, para que o bálsamo da paz faça

desabrochar a flor da harmonia no homem que se oferece para a glória de outros homens.

**8.** Francisco de Assis, *solitário* na Úmbria, e Jesus Cristo, *abandonado* na cruz, em silêncio, entoaram a mais alta expressão de paz integral que até hoje se ouviu.

**9.** O homem de paz, mesmo quando vencido pelas contingências exteriores, permanece vitorioso, por conseguir vencer as constrições que o não conseguem esmagar.

**10.** A vida física é uma *concordata* a longo prazo. A paz é o comprovante de liberação total dos débitos.

**11.** Penetrado de perfume, o lírio imaculado oferece ao lodo que o sustenta a bênção da vida em transcendente realização de paz.

**12.** Quando a noite se adorna de luar, os que acreditam em aparências banham-se de claridade e sonham com a paz. Quando, porém, o dia se apresenta vencido por cargas de tormentas necessárias, os que confiam na realidade renovam esperanças e porfiam no trabalho, através de cujas forças conseguem a vitória da paz.

**13.** Somente quando livre da *roda dos renascimentos*, o Espírito penetra na posse da paz total.

**14.** A paz da mente em harmonia pode ser considerada como a segurança da chama resguardada dos ventos e salva dos tormentos.

**15.** Se desejas a paz, descansa as ansiedades no Pai e penetra a tua na Sua mente, deixando-te conduzir pelas Suas mãos.

**16.** Ardente de fervor, venceu a paixão e se encontrou em paz.

**17.** Servo e senhor da paz, ele é o amante da verdade.

**18.** Deus, que todos buscam, mesmo quando preferem desdenhá-lO, jaz em todos e em tudo, manifestando-se como Verdade geratriz de segurança e paz de que necessitam os bilhões de seres da Terra.

**19.** A nascente de todos os direitos produz a correnteza dos deveres, na qual está a nutrição da paz.

**20.** Se não convives em paz contigo mesmo, enfrentarás mil dificuldades na comunhão da paz com os demais.

**21.** "Espera", diz a vida; "confia", ensina a experiência; "ama", sugere a luta; "encontrarás a paz logo depois" – assevera a sabedoria universal.

**22.** O homem gostaria de apresentar a paz de que se crê possuído com o mesmo ardor com que *defende* a sua verdade na liça dos debates. No entanto, a verdade que produz a paz que atesta a verdade não se explica com palavras; experimenta-se em emoções e iluminação.

**23.** Há os que falam da *violência*, da *não violência*, esquecidos de que tal força resulta da conquista da paz integral, que é potência da alma e hálito de Deus.

**24.** Não é possível cultivar a paz... se em torno da guerra o sofrimento dizima, continuando-se a sós. Mais valioso é diminuir a aflição em derredor, inundado de paz e esquecido dela.

**25.** A oração é a forma mais acessível e frequente de exercitar a paz.

**26.** A paz nunca se impõe, conquista e enreda docemente, fazendo que todo aquele que a experimenta retorne sedento às suas fontes.

**27.** A regra de ouro da Humanidade estabelecida por Jesus é o Amor, e a sua vivência é a paz.

**28.** Tenta penetrar-te de paz e conhecerás Deus no santuário do Espírito.

*Poemas de Paz*

**29.** O homem decididamente confiante na imortalidade conduz o *salvo-conduto* para além da sepultura, por ser a vida a vitória sobre a morte e a paz o prêmio da luta.

**30.** A paz alarga o horizonte espiritual do homem que se enobrece no culto do trabalho e que se liberta pela estrada da luz.

> *"Aparte-se do mal, e faça o bem. Busque a paz e siga-a."*
>
> *I Pedro, 3:11*

> *"Que a paz do Senhor seja convosco, meus queridos amigos! Aqui venho para encorajar-vos a seguir o bom caminho. [...]"*
>
> *Lacordaire*
>
> *O Evangelho segundo o Espiritismo, capítulo VII, item 11.*

# Dezembro

*"Eu vos tenho falado estas coisas, para que tenhais paz em mim. No mundo tereis tribulações; mas tende bom ânimo, eu tenho vencido o mundo."*

*João, 16:33*

*Poemas de Paz*

**1.**   Se podes mergulhar-te em imenso silêncio interior, sem que o tumulto de fora perturbe, nem as lutas internas distraiam, encontraste a paz que é o galardão dos lutadores autênticos do Cristo.

**2.**   Fluem as águas de um rio, da nascente à foz as mesmas águas: nem passado nem futuro, um imenso e permanente presente a seguir incessante. Quando alguém consegue penetrar-se de paz, as limitações do tempo se convertem num eterno presente a fluir na direção da Divindade.

**3.**   Reflexiona e reflexiona em torno da paz. Age, todavia, e despertarás em paz.

**4.**   Há os que aniquilam a consciência do *eu* para inundar-se da Consciência Cósmica. Pela tua paz sublima o *eu* na ação a benefício de todos.

**5.**   A paz é o salário da vida aos que porfiam fiéis até o fim da jornada.

**6.**   A tua paz é um presente de amor à tua vida.

**7.**   Não te afadigues pelo *amanhã*. A paz do porvir é resultante do dever do hoje fielmente cumprido.

**8.** Era asceta e saiu em busca da paz. Maltratou o corpo e feriu a vida, desdenhou os homens e fechou os olhos à Natureza, transpôs os rios e venceu as distâncias, no entanto, perdeu a consciência da paz.

**9.** Participa da vida com elevação e banha-te na luz da serenidade para que vibres na paz da comunhão com Deus.

**10.** A paz permeia o homem para a alegria, da mesma forma que a árvore se impregna da chuva para produzir.

**11.** O homem de paz possui a *força* para vencer todas as fraquezas, e a sua não violência dá-lhe uma *fragilidade* que o torna sempre forte.

**12.** A paz desalgema e liberta.

**13.** Em íntima comunhão com a esperança, o passado de erros é porta de aprendizagem para o refazimento do equilíbrio e reconforto de paz.

**14.** Por mais fraco que o homem seja, quando se harmoniza consigo mesmo, revigora-se e, embebido de paz, é capaz de se imolar na ação superior pela felicidade de muitos, esquecido de si.

**15.** Em teoria, a aquisição da paz é difícil. Trasladada para a realidade, a paz somente é possível depois de titânico labor.

**16.** O ser mais brutalizado e empedernido, diante de alguém que encontrou a paz se enternece e acalma.

**17.** Uma das metas próximas da conquista da paz é a vitória sobre a cobiça, embora esta tenha disfarces variados em nomenclatura diversa.

**18.** Aquele que conduz a paz, como se fora uma lâmpada acesa sobre o coração, difunde tranquilidade onde se encontra.

**19.** Oculta, a raiz se rejubila quando o arvoredo lhe retribui a renúncia com flores e frutos. Também a paz espiritual que jaz oculta se enfloresce para retribuir o sacrifício de quem a conquista.

**20.** Muitos supõem ter conquistado a paz e somente lhe conhecem a sombra.

**21.** A calma do oceano é feita de mil palpitações de ondas miúdas que lhe não encrespam o dorso. Há muita paz que é feita de mil inquietações ainda não asserenadas, que não conseguem harmonia nem plenitude.

**22.** Os pequenos intervalos de paz falam altas vozes, no entanto, a grande paz fala apenas eloquentes silêncios.

**23.** A paz se constrange ante o louvor, porque este a faz mesquinha.

**24.** "Sonha com a esperança" – murmuram as ondas à margem arenosa do rio.

"Guardo tua melodia na paz do meu leito" – responde a praia às águas correntes.

**25.** Noite! A Terra em paz e sua melodia envolvente! Paz na Terra! Nasceu Jesus!

Cada dia a paz do Senhor pode nascer e renascer no coração e na mente de quem busca comungar com Ele. – Paz!

**26.** "A paz está longe de mim" – lamenta o ser em oração. "Estou no teu íntimo, como um botão esperando vitalidade para desabrochar!" – responde a paz em expectação.

**27.** A paz bafeja o homem e logo se lhe inocula para que ele inunde a vida com a bênção da sua harmonia.

**28.** – Fala-me, Senhor, onde está o ninho formoso da paz?
– Emboscado na atividade das tuas realizações.

*Poemas de Paz*

**29.** Frequentemente a verdade levanta sementes de ódios que a mentira sabe cultivar. Todavia, intimorata, ela triunfa sobre todas as dissensões e se enflora de paz onde haja encontrado guarida.

**30.** Viandante incansável, procura a paz nos confins da alma e inebria-te de vida no sem-fim da Imortalidade!

**31.** Etapa vencida: paz da tarefa realizada!
Jornada nova: paz confiante de quem consegue avançar na direção do perene e sublime amanhã!

> *"Por isso, amados, visto que estais esperando estas coisas, procurai diligentemente que por ele (o ideal cristão) sejais achados imaculados e irrepreensíveis em paz."*

*II Pedro, 3:14*

> *"[...] Ilumina a minha inteligência, a fim de que eu possa perceber desde cedo as tendências daquele que me compete preparar para ascender à tua paz."*

*O Evangelho segundo o Espiritismo, capítulo XXVIII, item 55.*